L'ÉGYPTE ANCIENNE

Amanda Martin

Mon nom est Esmut

Bonjour, je suis Hunefer

Viens découvrir mon univers et partager la vie quotidienne d'un habitant de l'Ancienne Égypte.

Je m'appelle Tamyt

Les Éditions du **Carrousel**

Direction artistique : Helen McDonagh
Éditrice : Clare Oliver
Consultant : Delia Pemberton
Coordination éditoriale : Jacqueline McCann et Christine Morley
Coordination artistique : Carole Orbell
Maquette de couverture : Helen Holmes
Maquillage des modèles : Melanie Williams
Illustrateur : David Hitch
Photographe : John Englefield
Traduction : Claude Mallerin
Photocomposition : Nord Compo
Imprimé et relié en Chine

© 1999 Les Éditions du Carrousel / Media Serges pour l'édition française, Paris
© 1997 Two-Can Publishing Ltd, Londres

Loi n° 49-956 du 16 juillet 1949 sur les publications destinées à la jeunesse.

Tous droits réservés. Aucun extrait de ce livre ne peut être reproduit, enregistré ou transmis, par quelque procédé que ce soit, électronique, mécanique, photocopie, bande magnétique, disque ou autre, sans l'autorisation écrite préalable de l'éditeur et du détenteur des droits.

ISBN : 2-7456-0258-6

SOMMAIRE

Mon peuple	4
Ma famille	6
Ma maison	8
La vie à Thèbes	10
Notre alimentation	12
Nos habits	14
Art et artisanat	16
Nos distractions	18
En voyage	20
Notre instruction	22
Nos croyances	24
La momification	26
Les tombeaux	28
Isis et Osiris	30
Nos sources et index	32

Mon peuple

Mon nom est Hunefer et j'ai neuf ans. Je vis à Thèbes, dans la vallée du Nil, en Égypte. Si tu regardes la carte, tu verras que la cité de Thèbes est construite dans un coude du fleuve.

Mon pays

L'Égypte est un pays chaud et sec, c'est pourquoi les villes et les villages sont tous situés à proximité du fleuve. La capitale de l'Égypte est Thèbes, célèbre pour ses temples et ses tombeaux remplis de trésors. Le personnage le plus puissant du pays est le roi, que nous appelons pharaon. C'est un dieu vivant.

L'Égypte est un pays d'Afrique. Elle est divisée en deux régions : la Basse et la Haute-Égypte.

La Haute-Égypte est l'étroite vallée qui s'étend le long du Nil.

La Basse-Égypte est la région formée par le delta du Nil, qui se jette dans la mer, après s'être divisé en plusieurs bras.

Voici les pyramides de Gizeh. La cité de Memphis se trouve à proximité.

4

La vallée du Nil

Mon père dit que sans le Nil, nul ne pourrait vivre en Égypte. Chaque année, le fleuve en crue irrigue la vallée. Il laisse une boue noire et riche, le limon, dans lequel nous plantons nos cultures. Nous appelons cette région fertile *Kemi*, ce qui signifie « terre noire ».

Symboles sur la carte

Kemi, la « terre noire »   villages, villes et cités   pyramides et tombeaux

Je vis ici, à Thèbes. Le pharaon y habite également.

Le *Deshert* est une région aride, où ne poussent que quelques plantes.

Hier et aujourd'hui...
Il y a 3 000 ans, à l'époque où vivait Hunefer, Thèbes était la capitale de l'Égypte. Le Caire, situé non loin de la cité ancienne de Memphis, est aujourd'hui la capitale du pays.

La terre rouge

Plus on s'éloigne du Nil, plus la terre est sèche. Puis c'est le désert, que nous nommons *Deshert*, la « terre rouge ». Peu de gens vivent dans le désert, mais on y trouve toutes sortes de matériaux utiles tels que les pierres utilisées pour la construction des pyramides.

5

Ma famille

Je vis avec mes parents et ma sœur Tamyt. Nous avons de nombreux serviteurs qui habitent chez nous. Esmut est l'une de nos servantes. C'est une petite fille de sept ans, du même âge que Tamyt. Tout le monde ne dispose pas de serviteurs en Égypte. Nous en avons parce que mon père est un fonctionnaire qui travaille pour le pharaon.

À l'école, j'apprends à écrire sur des rouleaux comme ceux-ci. Ils sont fabriqués dans une sorte de papier qu'on appelle papyrus.

Le travail de mon père

Mon père est un homme important. C'est le premier scribe du pharaon. Son rôle est de surveiller le travail des autres scribes ou secrétaires, mais il exerce aussi des fonctions de prêtre au temple. Quand je serai grand, je travaillerai, moi aussi, à la cour du pharaon. C'est pour devenir scribe que je vais à l'école.

Fabrique un éventail en plumes d'autruche

Procure-toi du carton épais, un manche à balai, de la peinture, du papier blanc, du papier de soie rose, du coton ou une garniture duveteuse.

1 Découpe dans le carton un demi-cercle de 12 cm de diamètre. Fixe-le avec du scotch au bout du manche à balai. Peins le carton et le manche de la même couleur.

2 Découpe 4 feuilles de 30 x 10 cm dans le papier de soie. Colle-les ensemble et place-les entre 2 feuilles de papier blanc. Ne colle que le milieu de chaque feuille. Fais ainsi 6 liasses en tout.

3 Dessine sur chaque liasse la forme d'une feuille. Découpe les feuilles dessinées et fais de petites entailles sur les bords. Ébouriffe les bords et peins des nervures.

4 Colle les plumes au dos du carton fixé sur le manche à balai. Décore ton éventail de coton ou d'une garniture duveteuse.

6

Le travail de ma mère

Ma mère s'occupe de la maison et indique à nos serviteurs ce qu'ils ont à faire. Mais elle travaille aussi comme habilleuse à la cour du pharaon. Elle prend soin des vêtements de la « Grande Épouse royale » et veille à ce que celle-ci soit toujours ravissante.

Ma sœur

En Égypte, les filles ne vont pas à l'école, aussi ma sœur reste-t-elle chez nous. Ma mère lui apprend à tenir une maison. Une fois ses tâches terminées, il reste encore beaucoup de temps à Tamyt pour jouer avec Esmut ou s'amuser avec ses jouets.

Notre amie Esmut

Esmut est la plus jeune de nos servantes et c'est aussi notre amie. Le plus souvent, elle travaille à la cuisine, fait des courses pour le cuisinier et aide à la vaisselle. Son travail fini, Esmut tient compagnie à Tamyt. Elles jouent ensemble et, lorsqu'il fait très chaud, Esmut évente Tamyt pour la rafraîchir.

Esmut utilise un éventail en plumes d'autruche pour faire de l'air à Tamyt.

Tamyt aime beaucoup s'amuser. Son jouet préféré est ce chat dont la bouche s'ouvre avec un bruit sec.

Ma maison

Ma maison est l'une des plus grandes de Thèbes. Tamyt et moi avons chacun notre chambre. La plupart des maisons en Égypte sont construites en briques crues, faites de limon séché au soleil. Les maisons en briques crues sont d'une durée limitée, mais cela n'a guère d'importance. Lorsque les briques commencent à s'effriter, nous démolissons la maison pour en construire une nouvelle.

Je dors la tête sur un repose-tête, de façon à avoir moins chaud au cou.

Hier et aujourd'hui...
Les repose-tête sont encore utilisés aujourd'hui dans un grand nombre de pays africains. Ils sont généralement en bois, comme c'était le cas dans l'Égypte ancienne.

Fabrique un repose-tête

Procure-toi trois tubes en carton de 5 cm de diamètre, du scotch, du carton rigide, un journal, de la farine, de l'eau, une cuillerée à soupe de sel, de la peinture (blanc, doré) et un pinceau.

1 Découpe un tube de 11 cm de long, et deux autres de 14 cm de long. Prépare un socle de carton de 20 x 30 cm et fixe les tubes dessus.

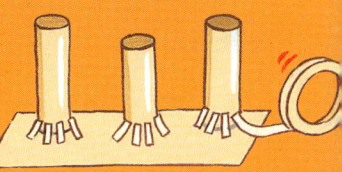

2 Découpe un morceau de carton de 10 x 35 cm. Arrondis les angles et fixe-le au sommet des tubes comme indiqué ci-contre.

3 Mélange la farine, le sel et l'eau pour obtenir une pâte peu épaisse. Déchire le journal en morceaux que tu ajouteras à la pâte. Passe quatre couches de ce mélange sur le repose-tête.

4 Laisse le repose-tête sécher quelques jours. Peins-le en blanc, laisse sécher, puis applique une couche de peinture dorée.

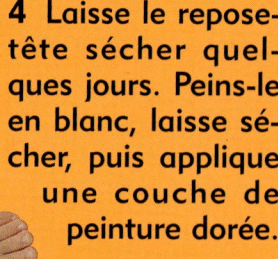

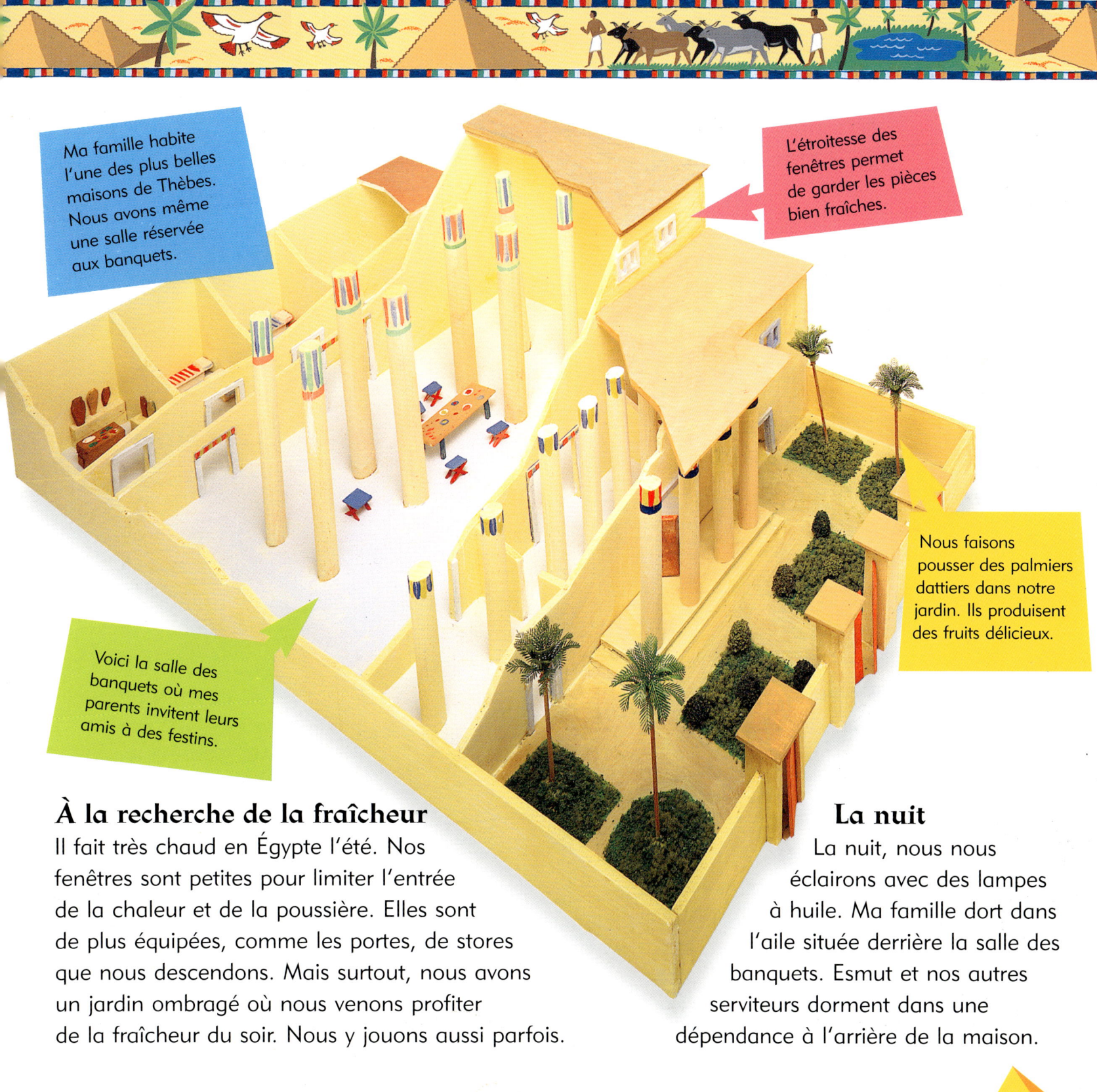

Ma famille habite l'une des plus belles maisons de Thèbes. Nous avons même une salle réservée aux banquets.

L'étroitesse des fenêtres permet de garder les pièces bien fraîches.

Voici la salle des banquets où mes parents invitent leurs amis à des festins.

Nous faisons pousser des palmiers dattiers dans notre jardin. Ils produisent des fruits délicieux.

À la recherche de la fraîcheur

Il fait très chaud en Égypte l'été. Nos fenêtres sont petites pour limiter l'entrée de la chaleur et de la poussière. Elles sont de plus équipées, comme les portes, de stores que nous descendons. Mais surtout, nous avons un jardin ombragé où nous venons profiter de la fraîcheur du soir. Nous y jouons aussi parfois.

La nuit

La nuit, nous nous éclairons avec des lampes à huile. Ma famille dort dans l'aile située derrière la salle des banquets. Esmut et nos autres serviteurs dorment dans une dépendance à l'arrière de la maison.

La vie à Thèbes

Ma cité, Thèbes, est l'une des plus importantes d'Égypte, parce que notre souverain, le pharaon, y habite. Les maisons sont bâties sur les hauteurs pour ne pas être inondées lors des crues annuelles du Nil.

Chaque matin, notre cuisinier envoie Esmut faire le marché.

Une ville commerçante

Thèbes est une ville très animée et ses rues grouillent de monde. Des bateaux y arrivent tous les jours, amenant des gens d'autres villes du bord du Nil et apportant des marchandises qui seront négociées sur le marché.

Au marché, nous échangeons des céréales contre les produits qui nous sont nécessaires.

Les courses

Les habitants de Thèbes se rencontrent au marché pour faire du commerce. On y échange toutes sortes de choses : on peut ainsi troquer un poisson contre un repose-tête, une oie contre du vin, etc. Nous envoyons Esmut en courses tous les matins de bonne heure. Elle part peu de temps après le lever du soleil, quand il fait encore frais.

10

Les rues de Thèbes

Tamyt et moi nous allons souvent jouer avec nos cousins, qui vivent près de chez nous. Pour aller les voir, nous empruntons des rues étroites et tortueuses et nous nous frayons un chemin au milieu de la foule et des animaux.

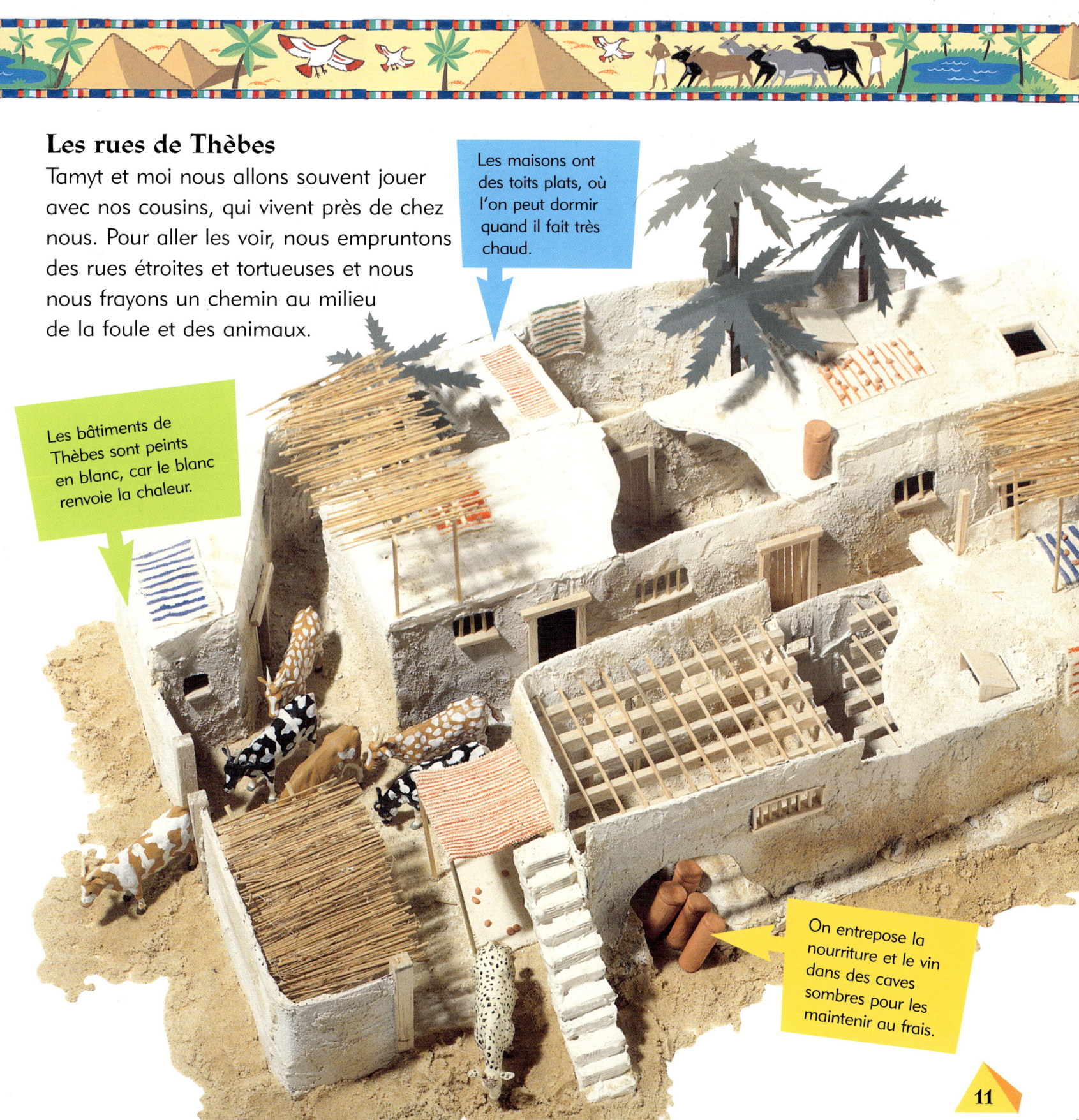

Les maisons ont des toits plats, où l'on peut dormir quand il fait très chaud.

Les bâtiments de Thèbes sont peints en blanc, car le blanc renvoie la chaleur.

On entrepose la nourriture et le vin dans des caves sombres pour les maintenir au frais.

11

Notre alimentation

Esmut nous rapporte du marché toutes sortes de fruits. Ceux que je préfère sont les grenades et le raisin. Tamyt et moi avons de la chance de pouvoir manger quantité de produits savoureux, notamment du poisson du Nil et de la viande fraîche. La majorité des Égyptiens n'a pas les moyens de s'offrir de la viande.

Esmut porte sur la tête un cône de parfum qui laisse s'écouler une huile odorante sur sa perruque et dégage autour d'elle d'agréables effluves.

Menu de fêtes

Il y a souvent des festins chez nous. À cette occasion, Esmut nous sert dans des plats d'or et d'argent. Nous mangeons du mouton ou de l'oie rôtis et buvons des vins doux. Au dessert, nous dégustons des fruits et des mets sucrés comme les boulettes de figues au miel.

Lors des banquets, Tamyt et moi sommes installés à des tables basses. Nous mangeons avec nos doigts.

Du pain pour tous

Chacun en Égypte mange du pain, les riches comme les pauvres. Parfois le pain est agrémenté d'herbes, de miel ou de dattes. Malheureusement, il contient souvent du sable, qui vient se mêler aux grains lors de la mouture. Ma grand-mère s'est considérablement abîmé les dents à manger du pain au sable !

Des bœufs piétinent le blé de façon à séparer le grain de son enveloppe, la balle.

La cuisine à l'extérieur

Nous avons bien une cuisine, mais la plupart des gens préparent les repas dehors, souvent sur le toit des maisons. Il fait beaucoup trop chaud pour cuisiner à l'intérieur, sans compter les risques d'incendie.

Prépare un dessert aux figues

L'aide d'un adulte est nécessaire.

Procure-toi 50 g d'amandes, 50 g de noix, 4 figues fraîches, une cuillère à café de cardamome, de l'eau, du miel et un mixeur.

1 Demande à un adulte de réduire en petits morceaux au mixeur les amandes, puis les noix, sans les mélanger. Garde-les séparément.

2 Lave les figues et coupes-en l'extrémité. Hache-les grossièrement.

3 Place les figues, les noix et la cardamome dans le mixeur avec un peu d'eau. Mixe le tout, en rajoutant de l'eau si le mélange est trop collant.

4 Verse à la cuillère le mélange sur un plan de travail propre et forme des boulettes.

5 Roule les boulettes dans le miel, puis dans les amandes moulues. Et régale-toi !

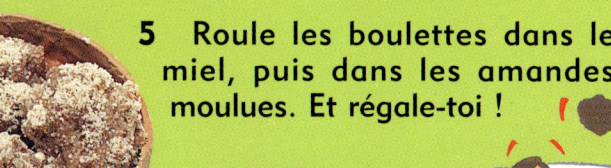

Nos habits

Me voici habillé comme le pharaon. Je porte la couronne royale et une fausse barbe indiquant que je suis un roi.

Hier, j'ai vu le pharaon dans une procession. Il portait un collier et une perruque. Il devait mourir de chaleur ! La plupart des Égyptiens portent des vêtements amples en lin, étoffe très légère. Lorsque j'étais plus jeune, je ne portais rien du tout.

Fabrique une barbe de pharaon

Procure-toi deux longueurs de corde (de 80 cm environ), de la ficelle ou du raphia, et des ciseaux.

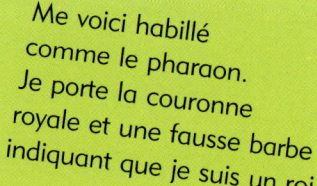

1 Attache les deux cordes ensemble en les nouant à une de leurs extrémités. Enroule-les l'une autour de l'autre. Fais un nœud à l'autre extrémité.

2 Fais une boucle à chaque bout, assez large pour pouvoir y passer tes oreilles. Ligature chaque boucle avec de la ficelle ou du raphia, comme sur le dessin ci-dessus.

Le pharaon porte une crosse et un fouet. La crosse indique qu'il veille sur nous, le fouet nous rappelle qu'il peut aussi punir.

Les vêtements du pharaon

Le pharaon est l'homme le mieux habillé du pays. Ses vêtements sont confectionnés dans le lin le plus blanc et le plus fin, orné d'or, de turquoise et autres pierres précieuses. Comme la plupart des Égyptiens, il a la tête rasée et coiffée d'une perruque. Il porte parfois aussi une fausse barbe qui est un insigne royal.

14

Hommes et femmes

Les hommes, pour la plupart, ont une simple pièce de coton drapée autour de la taille. Les fonctionnaires comme mon père portent une jupe plissée en lin et parfois un manteau, par temps frais. Les femmes sont vêtues de jupes ou de robes longues. Ma mère se pare en outre de nombreux bijoux.

Voici Tamyt habillée en reine. Elle porte une coiffe en forme de vautour.

3 Plie la corde en deux et tords-la à partir du milieu en serrant le plus possible. Passe maintenant les boucles à tes oreilles pour mettre ta barbe en place.

La reine porte un sceptre comme signe de son pouvoir.

Le maquillage

En Égypte, les hommes comme les femmes se maquillent. Ma mère et mon père se mettent du rouge sur les lèvres et sur les joues. Ils se fardent les paupières et soulignent le contour de leurs yeux avec des traits de khôl, une poudre noire.

Le bout de nos sandales est recourbé pour que le sable n'y pénètre pas.

15

Art et artisanat

En Égypte, artistes et artisans fabriquent une multitude de beaux objets. Nous avons ainsi des pots à fards en verre brillant, des jarres en albâtre, pierre blanche et lisse, des bols et des vases en cuivre martelé et en bronze, et des bijoux en or incrustés de pierres précieuses.

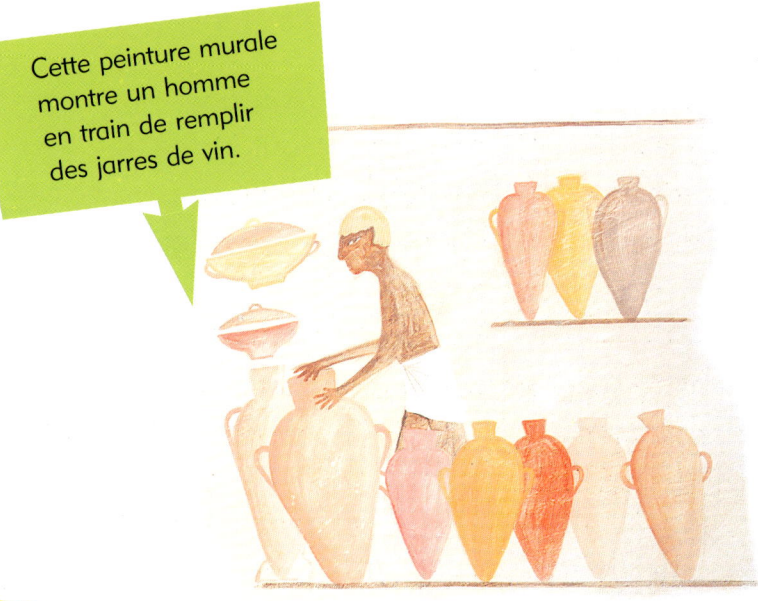

Cette peinture murale montre un homme en train de remplir des jarres de vin.

Mon pendentif représente le dieu Rê, dieu du Soleil, sous la forme d'un faucon.

La décoration des maisons

Les riches Égyptiens font souvent décorer leurs maisons par des artistes. Des peintures colorées ornent les murs, les colonnes et le montant des portes. Les fleurs, les plantes et les animaux de la vallée du Nil (hippopotames, crocodiles) sont des motifs très populaires.

La réalisation d'une peinture

Le peintre dessine en noir les contours de son œuvre avant d'en colorier l'intérieur. Il utilise des peintures faites à partir de matériaux réduits en poudre. Ainsi, le charbon de bois donne le noir, tandis que l'ocre, qui provient de la terre, donne le rouge.

Les trésors du désert

Beaucoup de matériaux proviennent du désert. On y extrait les pierres destinées à la construction des temples ainsi que les pierres précieuses et les métaux servant à la confection des bijoux.

Les bijoux

Seuls les riches Égyptiens se parent de bijoux en pierres précieuses. La majorité porte des bijoux de pacotille faits de coquillages ou de perles en argile. Nous portons aussi des bijoux destinés à écarter le malheur. Nous les appelons amulettes.

Le collier d'Esmut est en partie composé de perles en forme de pétale de lotus.

Fabrique un collier à pétales de lotus

Procure-toi de la pâte à modeler qui durcit à l'air, de fines brochettes en bois, une boîte, de la peinture, un pinceau, 1 m de ficelle dorée, du fil doré.

1 Fabrique avec la pâte à modeler 18 perles en forme de tube, 8 perles en forme de larme et 7 en forme de pétale. Fais dans chacune un trou avec une fine brochette. Laisse sécher.

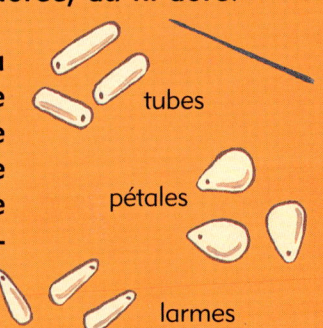

tubes
pétales
larmes

2 Enfile tes perles sur les brochettes et pose celles-ci en travers de la boîte. Peins les perles, puis laisse-les sécher.

3 Ajoute un point de peinture dorée aux perles en forme de pétale, comme indiqué ci-dessus. Laisse sécher. Fais un nœud à l'une des extrémités de la ficelle et enfile toutes les perles en forme de tube et de larme.

4 Fais un nœud après la dernière perle. Accroche à ton collier les perles en forme de pétale avec le fil d'or. Coupe enfin la ficelle à la dimension de ton cou.

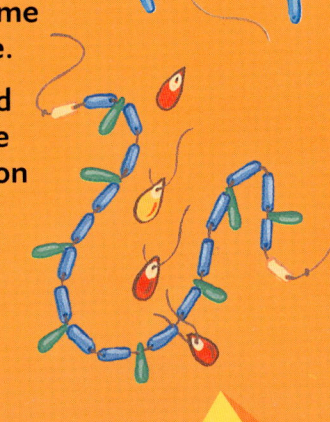

17

Nos distractions

L'une des périodes les plus agréables de l'année est celle où nous fêtons la première moisson. On joue de la musique et on danse dans les rues, il y a de la nourriture et de la boisson en abondance, et chacun passe un excellent moment. Nous avons pendant l'année de nombreuses fêtes en l'honneur de nos dieux.

Nos sorties

Parfois, nous allons pique-niquer en famille au bord du Nil. Mon cousin nous accompagne généralement. Comme il est impossible de se baigner à cause des crocodiles, nous nous contentons de jouer sur la rive, tandis que mon père va chasser les oiseaux aquatiques en compagnie de personnes de son rang. Lorsque le soleil descend à l'horizon, nous nous rassemblons tous sur la berge pour écouter Père nous raconter des histoires sur les dieux.

Nous pratiquons, mon cousin et moi, des jeux de lutte. Il a beau avoir un an de moins que moi, il est cependant très fort.

18

La musique

Il m'arrive, lorsque je n'ai pas classe, de pratiquer la flûte à la maison. Tamyt, elle, apprend à jouer de la harpe. Elle est également très douée pour la danse et la gymnastique.

Les jeux d'intérieur

Lorsqu'il fait trop chaud dehors, nous jouons à l'intérieur. Ce ne sont pas les possibilités qui manquent. Tamyt aime jouer à la toupie et s'amuser avec d'autres jouets en bois, Esmut aussi, quand elle a le temps. Le soir, avant d'aller nous coucher, nous faisons des parties de jeux à damiers. Ces jeux ne sont pas réservés aux enfants. Tout le monde y joue, même le pharaon et son épouse !

Esmut sait faire tourner sa toupie plus longtemps que quiconque.

Fabrique une toupie

Procure-toi de la pâte à modeler qui durcit à l'air, de la peinture et un pinceau.

1 Roule un morceau de pâte à modeler en boule, puis étires-en un bout en pointe comme montré ci-dessous. Fais en sorte que ta forme soit la plus régulière possible. Fabrique des toupies de tailles différentes et vois celles qui tournent le mieux.

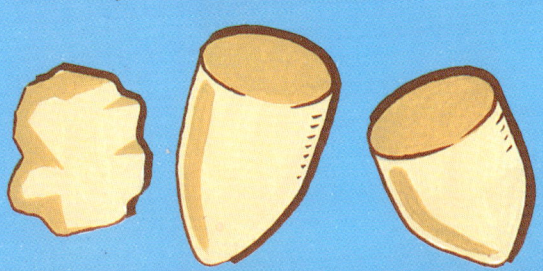

2 Laisse sécher tes toupies dans un endroit chaud, sec et bien aéré.

3 Peins sur tes toupies des motifs colorés. Assure-toi que chaque couleur est sèche avant d'en appliquer une autre.

4 Tiens ta toupie bien droite sur sa pointe et fais-la tourner d'une chiquenaude.

19

En voyage

La plupart des Égyptiens voyagent à pied ou en bateau. Comme les villes et les villages sont généralement construits au bord du Nil, on y accède facilement en bateau. Les gens riches comme mon père ont parfois des chars, mais les routes sont peu nombreuses. Si nous en avions plus, elles seraient inondées lorsque le Nil déborde.

Les chars

Mon père possède plusieurs chevaux qui sont dans une écurie à côté de la maison. Il les attelle à un char pour aller chasser dans le désert avec ses amis.

J'apprends à conduire le char de mon père. Il n'est pas toujours facile de maîtriser les chevaux !

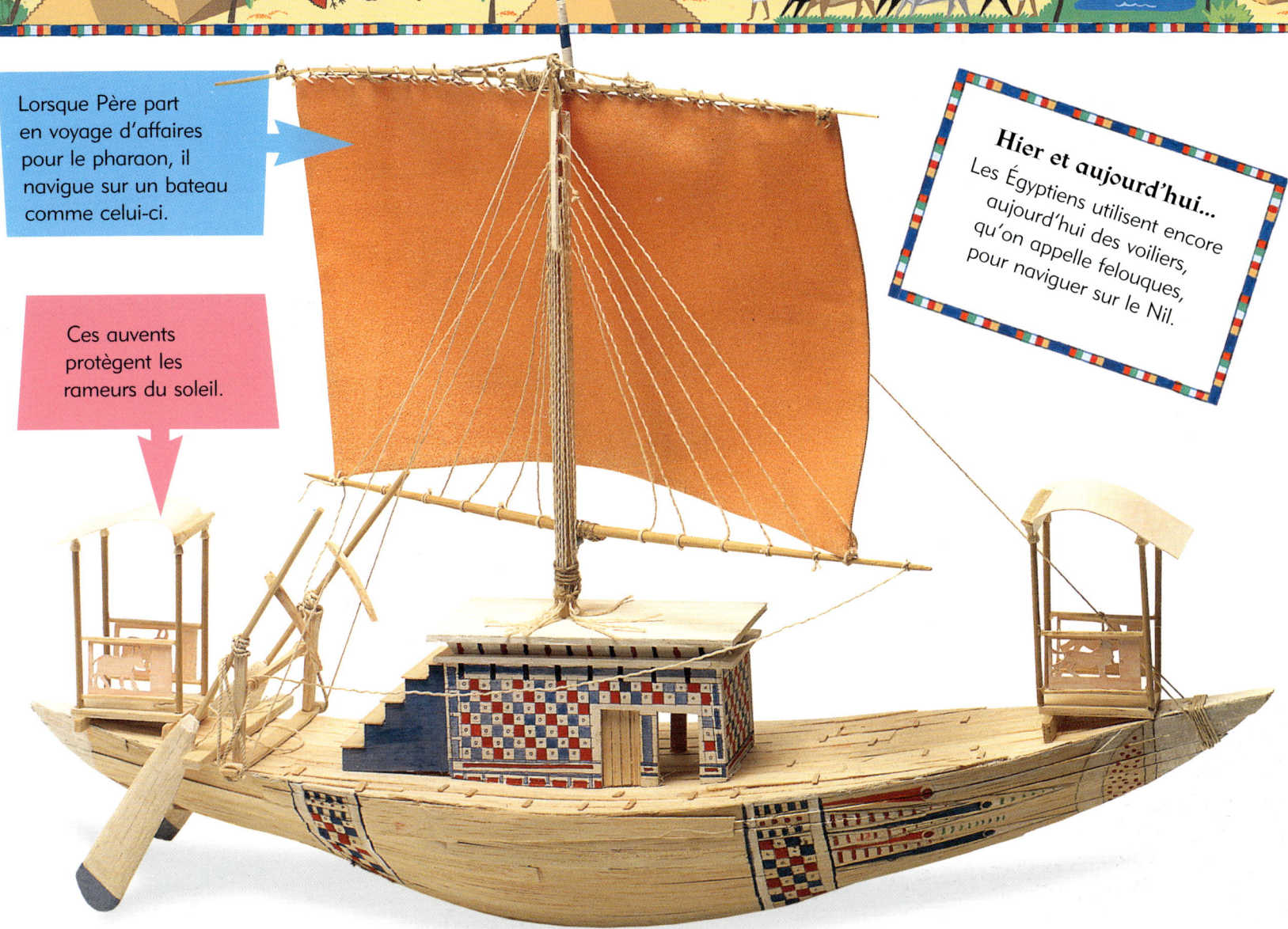

Lorsque Père part en voyage d'affaires pour le pharaon, il navigue sur un bateau comme celui-ci.

Ces auvents protègent les rameurs du soleil.

Hier et aujourd'hui...
Les Égyptiens utilisent encore aujourd'hui des voiliers, qu'on appelle felouques, pour naviguer sur le Nil.

La navigation fluviale

Père et moi allons souvent au bord du fleuve regarder les bateaux. Il y a de luxueuses barques de croisière, mais aussi des chalands, des navires marchands, de nombreuses embarcations qui assurent le passage d'une rive à l'autre du Nil et même parfois la barque royale du pharaon.

Rames et voiles

Le Nil coule de la Haute-Égypte vers la Méditerranée, mais le vent souffle dans le sens contraire. Ainsi, pour descendre le fleuve, on rame en se laissant porter par le courant. Pour remonter le fleuve, on hisse les voiles et on se laisse porter par le vent.

Notre instruction

Comme les filles ne vont pas à l'école, Tamyt passe ses journées à la maison. Moi, je vais à l'école des scribes, comme mon père lorsqu'il était enfant. J'étudie les mathématiques, les sciences et l'histoire, mais ma matière principale est l'écriture. En Égypte, rares sont ceux qui savent lire et écrire, et un jour j'appartiendrai à cette élite.

Il faut du temps pour fabriquer des rouleaux en papyrus, c'est pourquoi nous les réservons aux documents importants.

L'école de scribes

Mon école est à la cour royale, dans le palais du pharaon. À quatorze ans, je serai l'assistant d'un scribe plus âgé qui m'apprendra à écrire des lettres et à noter les événements sur de longs rouleaux de papyrus.

Hier et aujourd'hui...
Le mot « papier » vient de « papyrus », du nom du roseau qui servait à fabriquer le papier en Ancienne Égypte.

J'ajoute de l'eau à la poudre dans ma palette, puis je trempe dans ce mélange le roseau qui me sert pour écrire.

Les hiéroglyphes

J'apprends à écrire à l'aide de dessins : les hiéroglyphes. Chaque hiéroglyphe représente soit un son, soit un groupe de sons, soit un mot entier. Pour les apprendre, je dois recopier les hiéroglyphes maintes et maintes fois. Comme il y en a plus de 700, j'ai du pain sur la planche !

Inscription royale

On appelle « cartouche » l'inscription du nom d'un pharaon sur une pierre ou un bijou ovales. Nous pensons que d'écrire ainsi le nom d'une personne préserve celle-ci de tout danger.

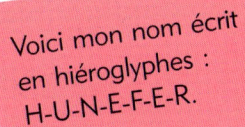

Voici mon nom écrit en hiéroglyphes : H-U-N-E-F-E-R.

Les nombres

Tamyt apprend à compter avec des perles ; moi, j'écris les nombres avec des hiéroglyphes comme ceux-ci :

	= 1
	= 10
	= 100
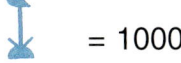	= 1000

Apprends quelques hiéroglyphes

Essaie d'utiliser ces hiéroglyphes pour écrire ton nom. En fonction de sa couleur, un hiéroglyphe peut représenter une ou plusieurs lettres.

a b c d

e f g h

i j k l

m n o p

q r s t

u v w x

y z

23

Nos croyances

Ma mère dit que le monde est plein de mystères et de phénomènes magiques, et qu'il importe de satisfaire les dieux, car ils gouvernent nos vies. Rê est le plus important de tous. C'est le dieu du Soleil et de la création. Il y a ensuite Isis, la magicienne, et son frère et époux Osiris, dieu du monde souterrain. Nous allons au temple pour rendre un culte aux dieux.

Les animaux sacrés

Parfois, nos dieux ont l'aspect, non pas de personnes, mais d'animaux. Ainsi Anubis est souvent représenté sous la forme d'un chacal. C'est le dieu de l'embaumement, traitement que l'on fait subir au corps d'un mort.

Voici une statue du dieu Anubis. Il monte la garde auprès des momies, les corps embaumés des morts.

Je ne sors jamais sans mon poisson-amulette. Il m'évitera de me noyer si je tombe dans le Nil.

La vie dans l'au-delà

Nous croyons que chacun, à sa mort, entreprend un voyage vers « l'au-delà ». Le mort va dans la salle du Jugement, où Anubis pèse son cœur, qui doit être aussi léger qu'une plume sur le plateau de la balance. Si le défunt s'est bien conduit de son vivant, Osiris le conduit au « Champ des roseaux », un lieu paradisiaque. Si, il a mal agi dans sa vie terrestre, son cœur, lourd de méfaits, est croqué par une déesse-monstre, la Grande Dévoreuse !

Hier et aujourd'hui...

On porte encore aujourd'hui des amulettes pour se préserver des dangers et des maladies. On appelle aussi ce type d'objets des porte-bonheur.

Tamyt est habillée en prêtresse. Elle tient une sorte de crécelle appelée sistre.

La déesse Isis

Isis est une déesse importante. Elle est vénérée de tous, mais seuls les prêtres peuvent entrer dans ses temples. Le rôle du prêtre est de combler la déesse de bonheur par des louanges et des chants. Une prêtresse peut aussi adresser à Isis des prières en agitant un sistre.

Fabrique un sistre

★ L'aide d'un adulte est nécessaire.

Procure-toi un cutter, une feuille de caoutchouc mousse, du carton, de la peinture, un poinçon, un marteau, des capsules métalliques, et 2 brochettes en bois.

1 Demande à un adulte de découper au cutter, dans le caoutchouc mousse, trois bandes de 3 x 20 cm. Colle-les ensemble pour faire la poignée.

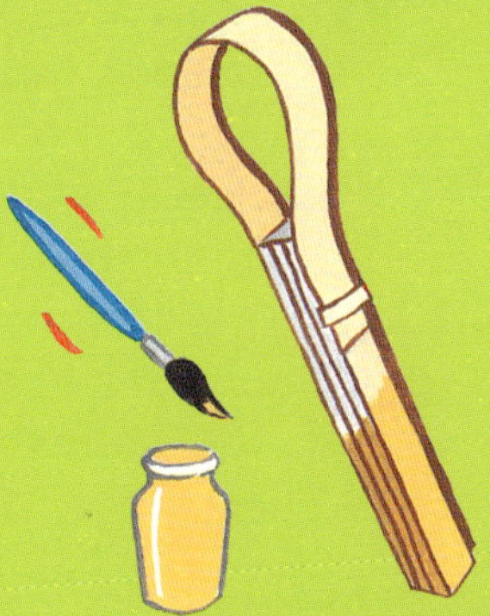

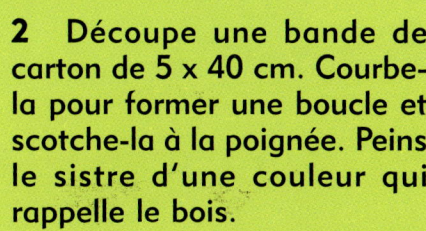

2 Découpe une bande de carton de 5 x 40 cm. Courbe-la pour former une boucle et scotche-la à la poignée. Peins le sistre d'une couleur qui rappelle le bois.

3 Demande à un adulte de faire un trou au milieu de chaque capsule à l'aide du poinçon et du marteau.

4 Enfonce une brochette dans le carton et enfile quelques capsules que tu pousseras vers l'autre bout. Aligne de la même manière une seconde rangée de capsules. Coupe ensuite les pointes des brochettes qui dépassent de la boucle.

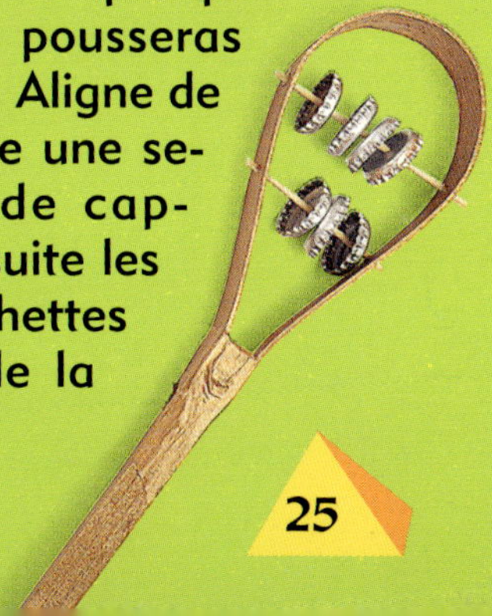

25

La momification

Je suis vêtu d'une robe en peau de léopard telle qu'en portent les prêtres.

Nous croyons à la nécessité de garder notre corps intact pour une nouvelle existence après la mort. Pour conserver les corps des morts, nous les transformons en momies. Lors des funérailles, les prêtres disent des prières pour aider les morts à atteindre l'au-delà.

Fabrique un masque de momie

L'aide d'un adulte est nécessaire.

Procure-toi du carton épais, des ciseaux, un crayon, un cutter, de la colle, du scotch, de la peinture, un pinceau et de la ficelle.

1 Dessine la forme du masque sur le carton. Il doit être assez large pour couvrir ton visage. Reproduis les autres formes dessinées ci-contre et découpe-les.

2 Demande à un adulte de découper au cutter des trous pour la bouche et les yeux, ainsi qu'un triangle pour le nez.

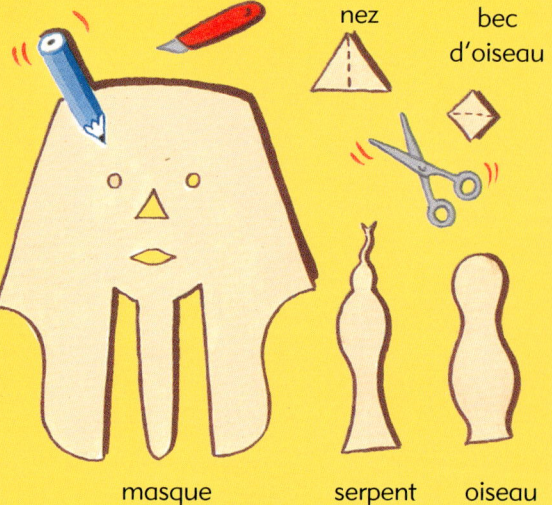

nez — bec d'oiseau

masque — serpent — oiseau

Pendant les funérailles, un prêtre récite des formules magiques et brûle de l'encens ou du parfum.

Les rites funéraires

Des embaumeurs préparent le corps du mort. On enlève les viscères pour les placer dans des vases spéciaux, puis on laisse sécher le cadavre imprégné de sel pendant 70 jours. On remplit ensuite le corps de lin et de sciure de bois et on enduit la peau d'huile parfumée. La dernière opération consiste à envelopper le corps de bandelettes de lin.

Le masque de la momie

Les embaumeurs recouvrent le visage de la momie d'un masque. Le masque d'un noble est couvert d'or. On dit que le masque de Toutankhamon, un puissant pharaon, était en or massif. Le masque a une grande importance ; c'est par ses yeux et sa bouche que le mort pourra voir et respirer dans l'au-delà.

Des amulettes en forme d'yeux sont glissées dans les bandelettes de la momie pour la protéger.

3 Plie le triangle en deux. Colle-le autour du trou pour le nez. Maintiens-le en place avec du scotch pendant qu'il sèche. Plie et colle le bec sur la tête d'oiseau. Peins le masque, l'oiseau et le serpent.

4 Fais deux fentes dans le masque à l'emplacement du front et glisses-y le serpent et l'oiseau. Plie-les et fixe-les à l'arrière du masque.

5 Fixe deux bouts de ficelle à l'arrière du masque, approximativement à l'emplacement des oreilles. Tu peux maintenant mettre ton masque.

Le dieu du Soleil est représenté par un scarabée.

Les bagages du mort

Le mort est enterré avec des objets destinés à lui servir dans l'au-delà. Parmi eux se trouvent des livres de prières et de formules magiques, des vases contenant les viscères du défunt, de la nourriture, des statuettes de serviteurs, des maisons et des bateaux en miniature.

L'oiseau et le serpent sont les symboles des déesses qui veillent sur l'Égypte.

Les tombeaux

Les scribes peignent des formules magiques sur les murs des tombeaux pour protéger les morts dans l'au-delà.

Un travail de titan
La plus grande pyramide d'Égypte fut bâtie à Gizeh pour le pharaon Khéops. Il fallut une vingtaine d'années et les efforts de 100 000 hommes pour la construire. Je ne l'ai jamais vue, mais mon père dit qu'elle est maintenant pratiquement recouverte de sable. Il a promis de nous y emmener un jour, Tamyt et moi.

À leur mort, la plupart des Égyptiens sont enterrés dans des cercueils en bois ou en roseau. Les pharaons sont ensevelis dans des tombes dans la vallée des Rois, sur la rive du Nil face à Thèbes. Il y a longtemps, on enterrait les pharaons dans de gigantesques tombeaux appelés pyramides.

Voici les pyramides de Gizeh, gardées par la statue gigantesque du Sphinx, créature au corps de lion et au visage présentant les traits d'un pharaon.

28

Les pyramides de Gizeh

Il y a plusieurs autres pyramides à Gizeh, toutes pointées vers le dieu du Soleil, Rê. On enterrait jadis la momie d'un pharaon défunt à l'intérieur d'une chambre funéraire dans les profondeurs de la pyramide, avec de l'or, des bijoux, des meubles et de la nourriture pour l'au-delà. On fermait ensuite hermétiquement l'entrée de la tombe, de façon qu'on ne puisse plus jamais y pénétrer.

Les pilleurs de tombe

En dépit de toutes les précautions prises pour préserver les tombes, des voleurs réussirent à se glisser dans plusieurs des pyramides de Gizeh et à en dérober les trésors. C'est pourquoi on enterre maintenant les pharaons dans la vallée des Rois. Les tombeaux sont taillés au creux de la falaise et il n'est pas commode de trouver leur entrée, bien cachée.

Lorsqu'elles venaient d'être bâties, les pyramides étaient d'un blanc éclatant et couvertes d'or en leur sommet.

Hier et aujourd'hui...
La grande pyramide de Gizeh, construite il y a plus de 4 500 ans, est l'un des bâtiments les plus grands du monde.

Isis et Osiris

Lorsque nous nous promenons le long du fleuve, mon père me raconte parfois des histoires. Ma préférée est la légende du dieu Osiris et de la déesse Isis, sa sœur et épouse. J'aime cette histoire parce qu'elle explique les inondations du Nil.

Isis et Osiris

Il y a longtemps, très longtemps, le dieu Osiris régnait sur l'Égypte avec sa sœur, la déesse Isis. Osiris était un roi sage et bon, et l'Égypte était un pays prospère. Mais Isis et Osiris avaient un frère jaloux, Seth, le dieu des orages, qui aspirait en secret à prendre la place d'Osiris sur le trône.

La ruse de Seth

Un jour, Seth invita Osiris et Isis à un grand banquet. Après le dîner, il fit apporter un coffre magnifique et promit de l'offrir à celui qui pourrait le remplir entièrement. Plusieurs des invités essayèrent le coffre, qui n'était à la taille d'aucun. Puis ce fut le tour d'Osiris. Il s'allongea dans le coffre, ne pouvant soupçonner que celui-ci avait été spécialement fabriqué à ses mesures. Seth referma aussitôt le couvercle sur son frère avec un rire mauvais.

Avant qu'on ne puisse les en empêcher, les hommes de Seth emportèrent le coffre pour le jeter dans le Nil, où le courant l'emporta rapidement. Et le pauvre Osiris mourut, asphyxié dans le coffre.

Les larmes d'Isis

Il ne fallut pas longtemps à Seth pour découvrir le coffre. Cette fois, il découpa son frère en quatorze morceaux qu'il éparpilla dans le Nil. Après de nouvelles recherches, Isis parvint à retrouver tous les morceaux et pleura amèrement sur chacun. Lorsqu'elle les eut tous rassemblés, le dieu Anubis vint à elle. Tous deux assistés de Thot, dieu de la sagesse, ils reconstituèrent le corps d'Osiris à l'aide de bandelettes.

À la recherche d'Osiris

Pendant plusieurs mois, Isis erra le long du Nil, cherchant en vain le coffre. Sa quête l'amena sur une terre étrangère, jusqu'au palais d'un roi. L'un des piliers du palais avait été construit dans le tronc d'un arbre sacré. Le roi apprit à Isis que cet arbre avait poussé sur la rive du Nil à une vitesse extraordinaire.

Isis sut aussitôt que l'arbre sacré avait poussé autour du fameux coffre : seule une puissance divine pouvait en effet accélérer ainsi la croissance d'un arbre ! La déesse supplia le roi de faire ouvrir le pilier qui, une fois fendu, laissa apparaître le précieux coffre. Isis ramena l'objet de sa quête en Égypte, où elle le cacha du mieux qu'elle put.

Faisant appel à tous ses pouvoirs magiques, Isis ranima son frère et époux, sans réussir toutefois à le faire revivre sur terre. Depuis ce jour, Osiris règne sur le monde souterrain. Chaque année, à l'anniversaire de sa mort, Isis pleure son cher époux. On dit que c'est parce qu'il est plein des larmes de la déesse que le Nil déborde.

31

Nos sources

L'univers d'Hunefer

Hunefer vivait il y a plus de 3 000 ans. Le climat chaud et sec de l'Égypte a permis la conservation de nombreux objets de cette époque. Ces derniers siècles, les archéologues ont découvert des tombes auxquelles on n'avait pas touché depuis des milliers d'années.

Les peintures trouvées sur les murs des tombes nous ont beaucoup appris sur le mode de vie des anciens Égyptiens.

Le secret des tombes

Les tombes découvertes contenaient les momies de pharaons entourées de tous leurs trésors et des objets qui devaient leur servir dans l'au-delà, tous en parfait état. Les murs étaient revêtus de magnifiques peintures ainsi que d'une écriture aux signes étranges, les hiéroglyphes.

Le déchiffrement des hiéroglyphes

Pendant des siècles, on ignora la signification des hiéroglyphes inscrits sur les murs des tombes. Puis, en 1822, le Français Jean-François Champollion réussit à les déchiffrer. Les archéologues purent enfin lire les histoires et les formules magiques écrites par les anciens Égyptiens et ainsi mieux connaître leur mode de vie.

Index

Les objets à fabriquer sont en caractères **gras**.

alimentation 12-13
amulette 17, 24, 27
animaux 16, 24, 27
Anubis 24, 31
archéologie 32
bagages du mort 27, 29, 32
barbe de pharaon 14-15
Basse-Égypte 4-5
bateaux 10, 20-21
bijoux 14-17
cartouche 23
Champollion 32
char 20
chasse 18
chevaux 20
climat 4-5, 10, 32

collier à pétales de lotus 17
commerce 10
couronne royale 14-15
crosse royale 14
croyances 24-25
crue du Nil 5, 10, 30-31
désert 5, 17
dessert aux figues 13
dieu du Soleil 16, 24, 27, 29
dieux et déesses 18, 24-25, 27, 30-31
distractions 7, 18-19
école 6-7, 19, 22-23
écriture 6, 22
embaumement 26
éventail en plumes d'autruche 6
famille 6-7
felouques 21
festins 9, 12
fêtes 16, 18

fleuve 4-5, 21, 30-31
formules magiques 26-29, 32
fouet 14
Gizeh 4, 28-29
Grande Épouse royale 7
Haute-Égypte 4-5
hiéroglyphes 22-23, 32
insignes royales 14, 23
instruction 22-23
Isis 24-25, 30-31
jeux et jouets 7, 18-19
jugement des morts 24
jupe 15
Khéops 28
Le Caire 4-5
limon 5, 8
lutte 18
maison 8-9, 10-11
maquillage 15
marché 10
masque de momie 26-27
Memphis 4

moisson 18
momie 24, 26-27, 32
mort 24, 26-27
moyens de transport 20-21
musique 18-19
navigation fluviale 21
nombres 23
Nil 4-5, 21, 30-31
Osiris 24, 30-31
papyrus 6, 22
parfum 12
peinture murale 16, 28, 32
pendentif 16
perles 17
perruque 14
peuple 4-5
pharaon 4, 14-15
pierres de construction 17
précieuses 16-17
pillage 29
prêtres et prêtresses 6, 25-26
pyramides 4-5, 28-29, 32

Rê 16, 24, 27, 29
repose-tête 8
rites funéraires 26-28
routes 20
sceptre 15
scribe 6, 22-23, 28
serviteurs 6-7
Seth 30-31
sistre 25
Sphinx 28
temple 24-25
Thèbes 4-5, 10-1, 28
tombes 4-5, 28-29, 32
toupie 19
Toutankhamon 27
troc 10
vallée des Rois 20-21, 28-29
du Nil 4-5, 16
vêtements 14-15
vie dans l'au-delà 24, 26-29
villes 10-11
voyage 20-21

32